Impressum
Verlag: BABADADA GmbH, Nedderfeld 112 , 22529 Hamburg
Geschäftsführer / Verlagsleitung: Harald Hof
Druck: Books on Demand GmbH, In de Tarpen 42, 22848 Norderstedt

Imprint
Publisher: BABADADA GmbH, Nedderfeld 112 , 22529 Hamburg, Germany
Managing Director / Publishing direction: Harald Hof
Print: Books on Demand GmbH, In de Tarpen 42, 22848 Norderstedt

škola

el colegio

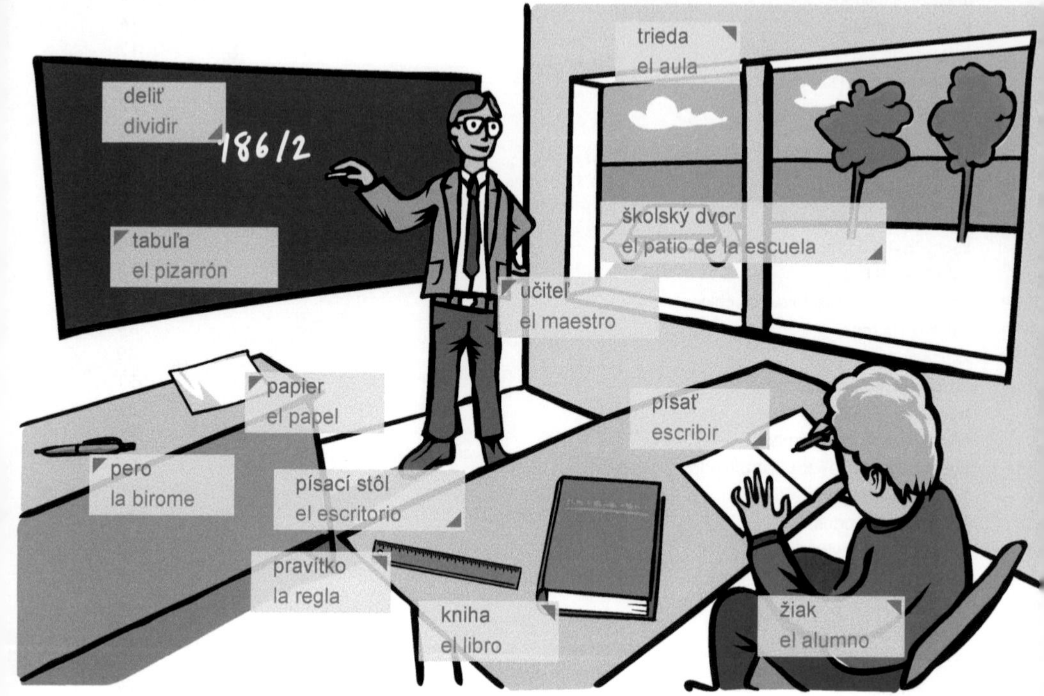

trieda
el aula
deliť
dividir
186/2
tabuľa
el pizarrón
školský dvor
el patio de la escuela
učiteľ
el maestro
papier
el papel
písať
escribir
pero
la birome
písací stôl
el escritorio
pravítko
la regla
kniha
el libro
žiak
el alumno

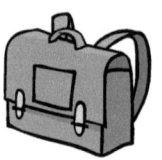

školská taška
la mochila

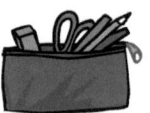

peračník
la caja de lápices

ceruza
el lápiz

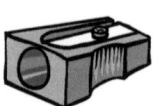

strúhadlo na ceruzky
el sacapuntas

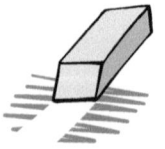

guma
la goma (de borrar)

skicár
el bloc de dibujo

kresba

el dibujo

štetec

el pincel

vodové farby

la caja de pinturas

nožnice

la tijera

lepidlo

el pegamento

cvičný zošit

el cuaderno de ejercicios

domáca úloha

la tarea

číslo

el número

sčítať

sumar

odčítať

restar

násobiť

multiplicar

počítať

calcular

písmeno

la letra

abeceda

el abecedario

slovo

la palabra

text

el texto

čítať

leer

krieda

la tiza

hodina

la lección

triedna kniha

el cuaderno de clase

skúška

el examen

certifikát

el certificado

školská uniforma

el uniforme escolar

vzdelanie

la educación

encyklopédia

la enciclopedia

univerzita

la universidad

mikroskop

el microscopio

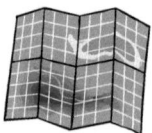

mapa

el mapa

kôš na papier

el tacho (de basura)

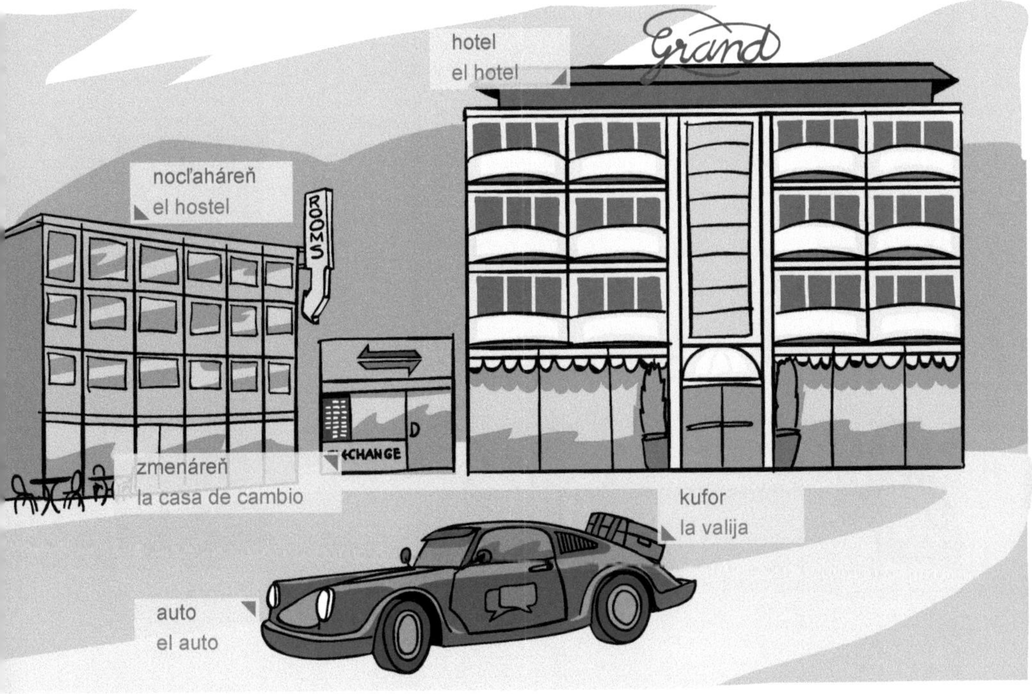

hotel
el hotel
Grand
nocľaháreň
el hostel
ROOMS
EXCHANGE
zmenáreň
la casa de cambio
kufor
la valija
auto
el auto

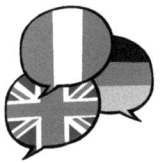

jazyk

el idioma

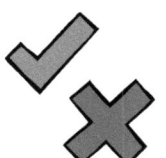

áno/nie

sí / no

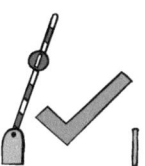

v poriadku

Está bien

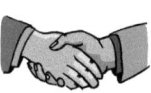

ahoj

hola

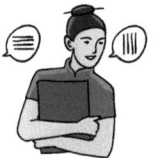

prekladateľ

el traductor

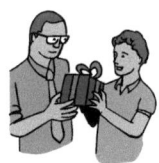

ďakujem

Gracias

Koľko stojí ... ?

¿cuánto cuesta…?

Nerozumiem

No entiendo

problém

el problema

Dobrý večer!

¡Buenas tardes!

Dobré ráno!

¡Buenos días!

Dobrú noc!

¡Buenas noches!

Dovidenia

el adiós

smer

la dirección

batožina

el equipaje

taška

el bolso

batoh

la mochila

hosť

el invitado

izba

la habitación

spacák

la bolsa de dormir

stan

la carpa

informácie pre turistov

la información turística

pláž

la playa

kreditná karta

la tarjeta de crédito

raňajky

el desayuno

obed

el almuerzo

večera

la cena

cestovný lístok

el pasaje

výťah

el ascensor

poštová známka

el sello

hranica

la frontera

clo

la aduana

veľvyslanectvo

la embajada

vízum

la visa

cestovný pas

el pasaporte

doprava
el transporte

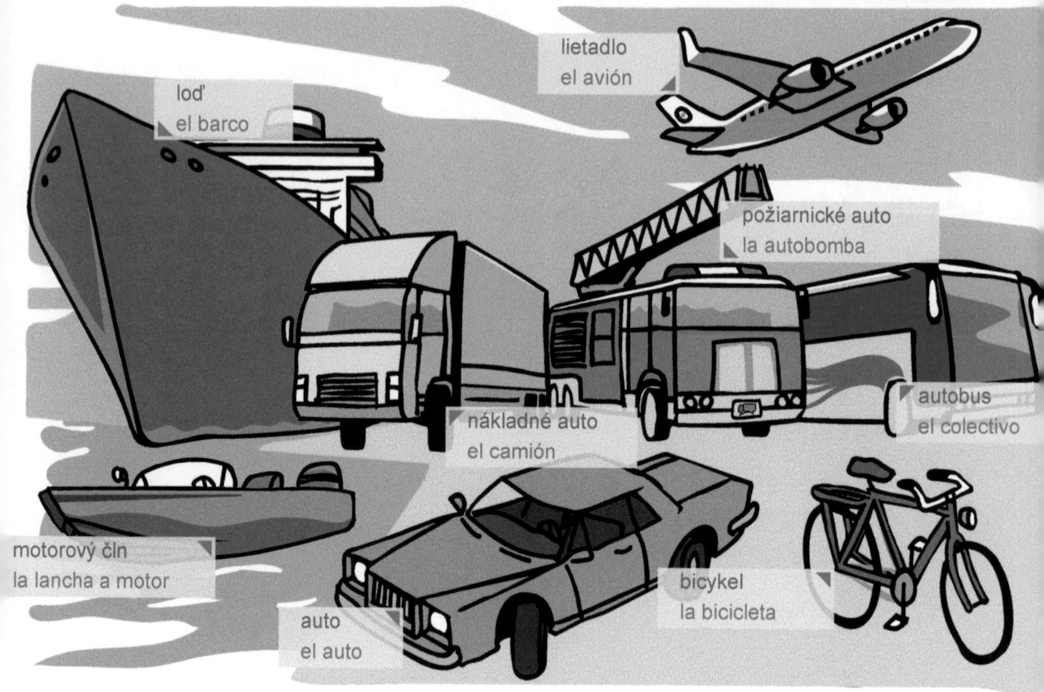

lietadlo
el avión
loď
el barco
požiarnické auto
la autobomba
autobus
el colectivo
nákladné auto
el camión
motorový čln
la lancha a motor
bicykel
la bicicleta
auto
el auto

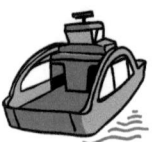

trajekt

el ferry

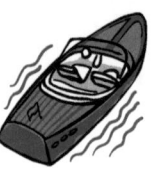

loď

el bote

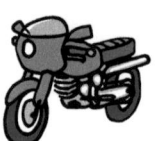

motorka

la moto

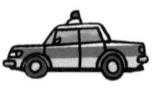

policajné auto

el patrullero

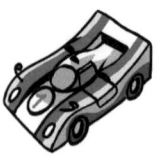

pretekárske auto

el auto de carreras

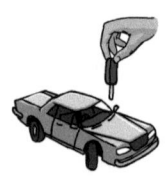

vozidlo z požičovne

el auto de alquiler

carsharing

el alquiler de autos

odťahové auto

la grúa

smetiarske auto

el camión de la basura

motor

el motor

benzín

la nafta

čerpacia stanica

la estación de servicio

dopravná značka

la señal de tránsito

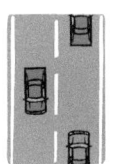

premávka

el tránsito

zápcha

el embotellamiento

parkovisko

el estacionamiento

vlaková stanica

la estación de tren

trate

las vías

vlak

el tren

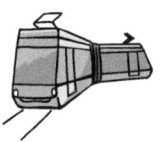

električka

el tranvía

vagón

el vagón

helikoptéra
el helicóptero

letisko
el aeropuerto

veža
la torre

pasažier
el pasajero

kontajner
el contenedor

kartón
la caja de cartón

vozík
la carretilla

kôš
la canasta

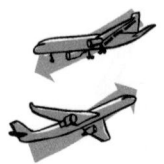

štartovať / pristáť
despegar / aterrizar

mesto

la ciudad

dedina
el pueblo

centrum mesta
el centro de la ciudad

dom
la casa

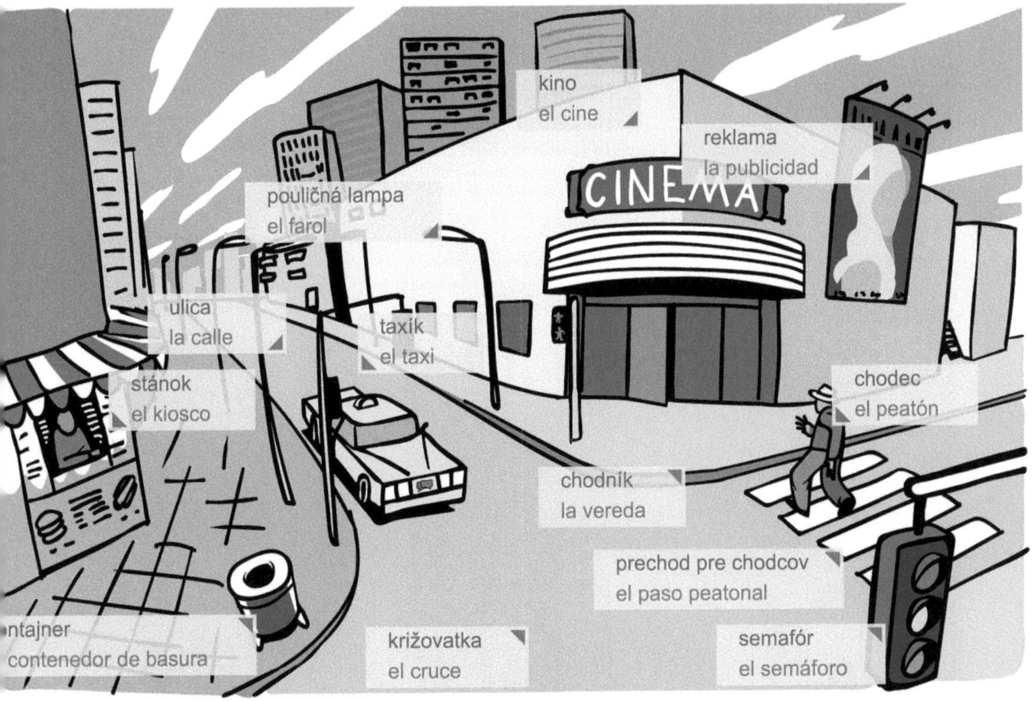

kino
el cine

reklama
la publicidad

pouličná lampa
el farol

CINEMA

ulica
la calle

taxík
el taxi

stánok
el kiosco

chodec
el peatón

chodník
la vereda

prechod pre chodcov
el paso peatonal

kontajner
contenedor de basura

križovatka
el cruce

semafór
el semáforo

chata
la cabaña

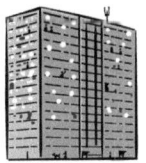

byt
el departamento

vlaková stanica
la estación de tren

radnica
la municipalidad

múzeum
el museo

škola
el colegio

univerzita

la universidad

banka

el banco

nemocnica

el hospital

hotel

el hotel

lekáreň

la farmacia

kancelária

la oficina

kníhkupectvo

la librería

obchod

el negocio

kvetinárstvo

la florería

supermarket

el supermercado

trh

el mercado

obchodný dom

las grandes tiendas

obchodník s rybami

la pescadería

nákupné stredisko

el centro comercial

prístav

el puerto

park
el parque

lavička
el banco

most
el puente

schody
las escaleras

metro
el subte

tunel
el túnel

autobusová zastávka
la parada del colectivo

bar
el bar

reštaurácia
el restaurante

poštová schránka
el buzón

tabuľa s názvom ulice
el letrero

parkovacie hodiny
el parquímetro

ZOO
el zoológico

plaváreň
la pileta

mešita
la mezquita

farma
la granja

znečisťovanie životného prostredia
la contaminación

cintorín
el cementerio

kostol
la iglesia

ihrisko
los juegos infantiles

chrám
el templo

terén
el paisaje

list
la hoja

smerová tabuľa
el poste indicador

cesta
el camino

lúka
la pradera

kameň
la piedra

turista
el excursionista

strom
el árbol

rieka
el río

tráva
la hierba

kvet
la flor

dolina
el valle

kopec
la montaña

jazero
el lago

les
el bosque

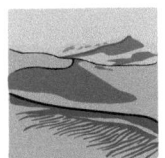

púšť
el desierto

vulkán
el volcán

zámok
el castillo

dúha
el arco iris

hríb
el champiñón

palma
la palmera

komár
el mosquito

mucha
la mosca

mravec
la hormiga

včela
la abeja

pavúk
la araña

terén - el paisaje

15

chrobák

el escarabajo

žaba

la rana

veverička

la ardilla

jež

el erizo

zajac

la liebre

sova

la lechuza

vták

el pájaro

labuť

el cisne

diviak

el jabalí

jeleň

el ciervo

los

el alce

hrádza

la presa

veterná turbína

el aerogenerador

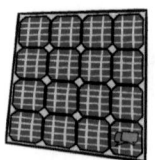

solárny panel

el panel solar

podnebie

el clima

reštaurácia
el restaurante

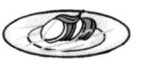

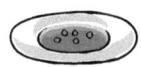

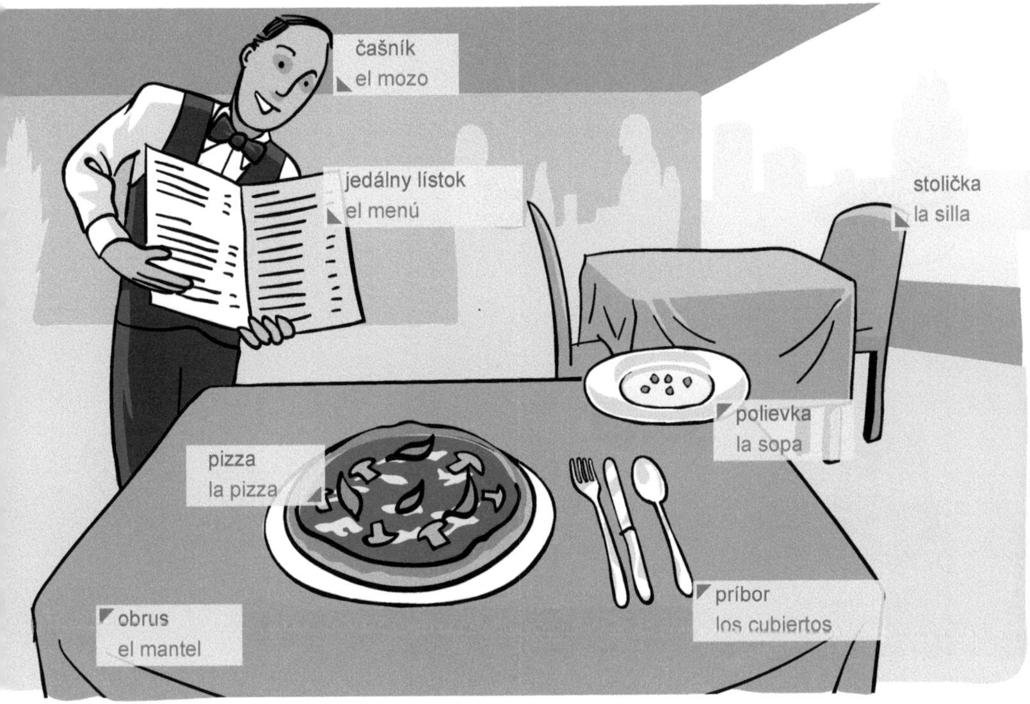
čašník
el mozo
jedálny lístok
el menú
stolička
la silla
polievka
la sopa
pizza
la pizza
príbor
los cubiertos
obrus
el mantel

predjedlo

la entrada

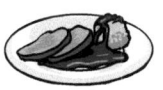

hlavné jedlo

el plato principal

zákusok

el postre

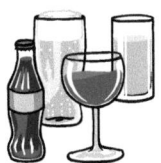

nápoje

las bebidas

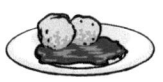

jedlo

la comida

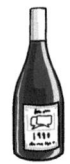

fľaša

la botella

fast-food
la comida rápida

street food
la comida callejera

kanvica na čaj
la tetera

cukornička
la azucarera

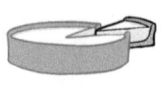

porcia
la porción

stroj na espresso
la cafetera expreso

detská stolička
la sillita alta

účet
la cuenta

podnos
la bandeja

nôž
el cuchillo

vidlička
el tenedor

lyžica
la cuchara

čajová lyžička
la cucharita

obrúsok
la servilleta

pohár
el vaso

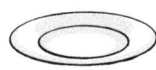

tanier

el plato

hlboký tanier

el plato hondo

podšálka

el plato

omáčka

la salsa

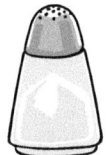

soľnička

el salero

mlynček na korenie

el molinillo de pimienta

ocot

el vinagre

olej

el aceite

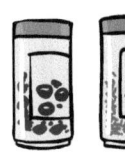

korenic

las especias

kečup

el kétchup

horčica

la mostaza

majonéza

la mayonesa

supermarket
el supermercado

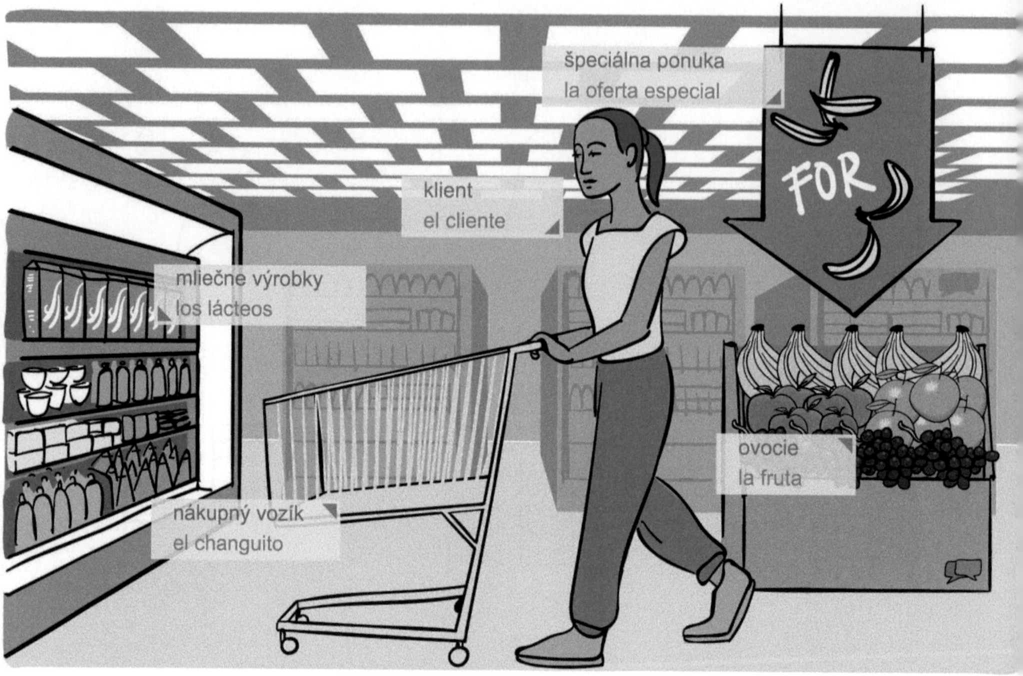

špeciálna ponuka
la oferta especial
FOR
klient
el cliente
mliečne výrobky
los lácteos
ovocie
la fruta
nákupný vozík
el changuito

BUTCHERS

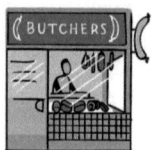

mäsiarstvo

la carnicería

BAKERY

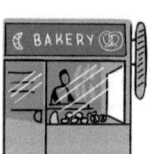

pekáreň

la panadería

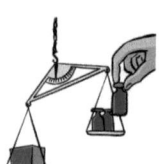

vážiť

pesar

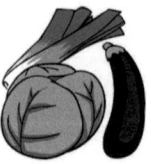

zelenina

las verduras

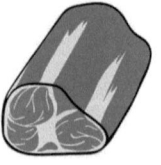

mäso

la carne

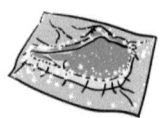

mrazené potraviny

los alimentos congelados

nárez

los fiambres

konzervy

los alimentos enlatados

prací prostriedok

el detergente en polvo

sladkosti

las golosinas

domáce potreby

los electrodomésticos

čistiace prostriedky

los productos de limpieza

predavačka

la vendedora

pokladňa

la caja

pokladník

el cajero

nákupný zoznam

la lista de compras

otváracie hodiny

el horario de atención

peňaženka

la billetera

kreditná karta

la tarjeta de crédito

taška

la cartera

plastové vrecko

la bolsa de plástico

voda

el agua

džús

el jugo

mlieko

la leche

kola

la bebida cola

víno

el vino

pivo

la cerveza

alkohol

el alcohol

kakao

el cacao

čaj

el té

káva

el café

espresso

el café expreso

kapučíno

el cappuccino

banán

la banana

jablko

la manzana

pomaranč

la naranja

melón

el melón

citrón

el limón

mrkva

la zanahoria

cesnak

el ajo

bambus

el bambú

cibuľa

la cebolla

hríb

el champiñón

orechy

las nueces

rezance

los fideos

špagety

los tallarines

ryža

el arroz

šalát

la ensalada

hranolky

las papas fritas

pečené zemiaky

las papas fritas

pizza

la pizza

hamburger

la hamburguesa

obložený chlebík

el sándwich

rezeň

el churrasco

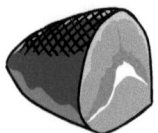

šunka

el jamón

saláma

el salame

klobása

la salchicha

kurča

el pollo

pečené mäso

el asado

ryba

el pescado

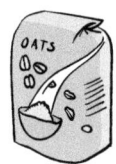

ovsené vločky

los copos de avena

müsli

el muesli

kukuričné lupienky

los copos de maíz

múka

la harina

croissant

la medialuna

pečivo

el pancito

chlieb

el pan

hrianka

la tostada

sušienky

las galletitas

maslo

la manteca

tvaroh

la cuajada

koláč

la torta

vajce

el huevo

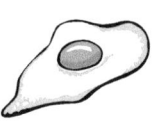

volské oko

el huevo frito

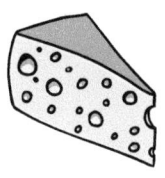

syr

el queso

zmrzlina

el helado

cukor

el azúcar

med

la miel

lekvár

la mermelada

nugátová nátierka

la pasta de chocolate

karí korenie

el curry

jedlo - la comida

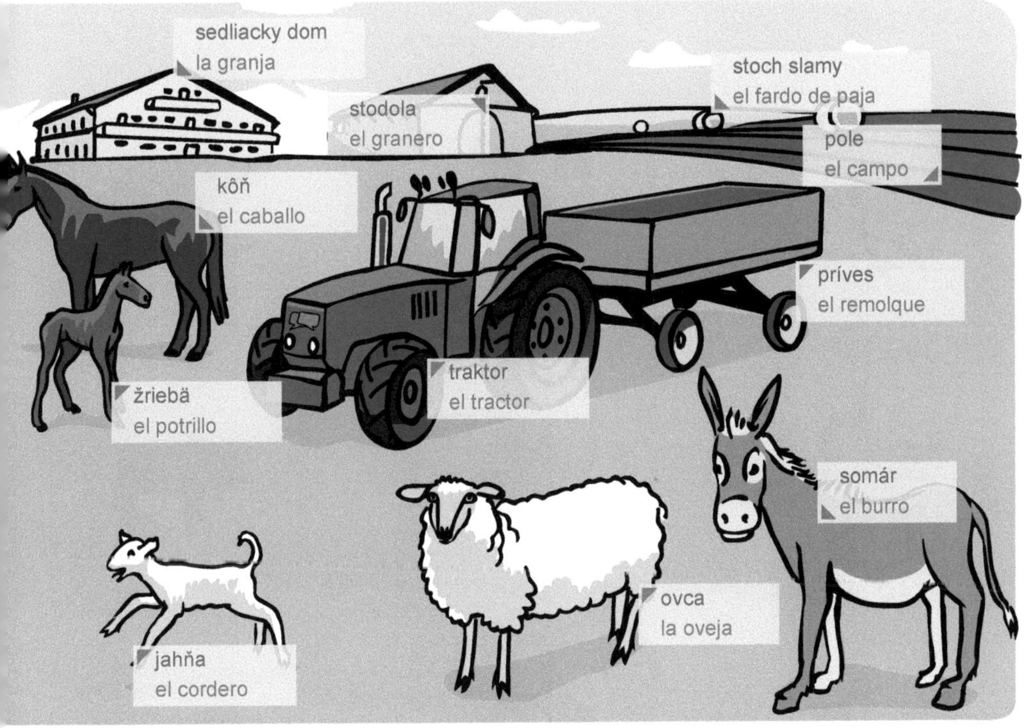

sedliacky dom
la granja

stodola
el granero

stoch slamy
el fardo de paja

pole
el campo

kôň
el caballo

príves
el remolque

žriebä
el potrillo

traktor
el tractor

somár
el burro

ovca
la oveja

jahňa
el cordero

koza

la cabra

krava

la vaca

teľa

el ternero

prasa

el cerdo

prasiatko

el lechón

býk

el toro

hus

el ganso

kačica

el pato

kuriatko

el pollo

sliepka

la gallina

kohút

el gallo

potkan

la rata

mačka

el gato

myš

el ratón

vôl

el buey

pes

el perro

psia búda

la cucha

záhradná hadica

la manguera

krhla

la regadera

kosa

la guadaña

pluh

el arado

kosák
la hoz

motyka
la azada

vidly na hnoj
la horquilla

sekera
el hacha

fúrik
la carretilla

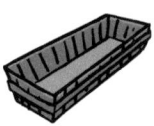

koryto
el abrevadero

kanva na mlieko
la lechera

vrece
la bolsa

plot
la reja

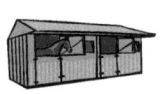

maštaľ
el establo

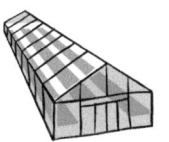

skleník
el invernadero

pôda
el suelo

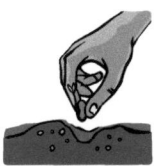

osivo
la semilla

hnojivo
el fertilizador

kombajn
la cosechadora

žať
....
cosechar

žatva
....
la cosecha

batát
....
las batatas

pšenica
....
el trigo

sója
....
la soja

zemiak
....
la papa

kukurica
....
el maíz

repka
....
la semilla de colza

ovocný strom
....
el árbol frutal

maniok
....
la mandioca

obilie
....
los cereales

dom
la casa

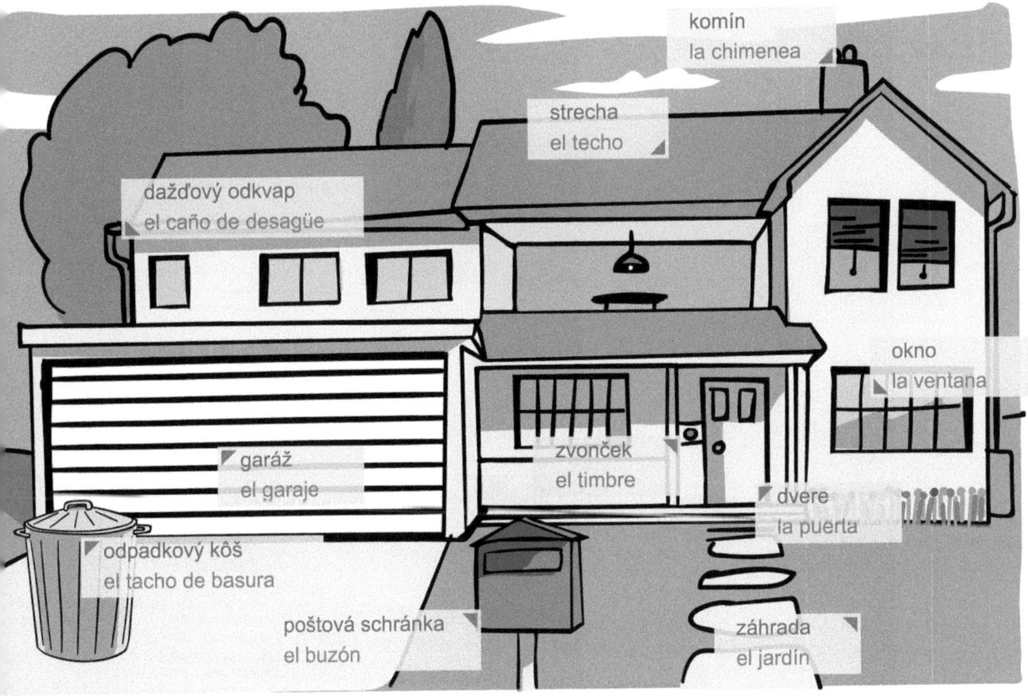
komín
la chimenea
strecha
el techo
dažďový odkvap
el caño de desagüe
okno
la ventana
zvonček
el timbre
garáž
el garaje
dvere
la puerta
odpadkový kôš
el tacho de basura
poštová schránka
el buzón
záhrada
el jardín

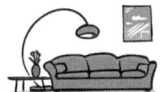

obývačka

el living

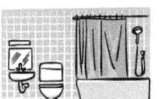

kúpeľňa

el baño

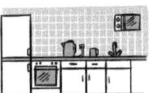

kuchyňa

la cocina

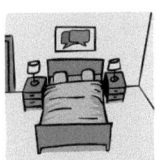

spálňa

el dormitorio

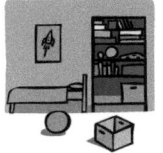

detská izba

el cuarto de los chicos

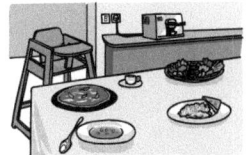

jedáleň

el comedor

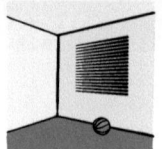

podlaha

el piso

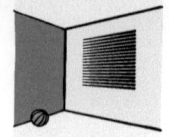

stena

la pared

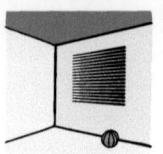

strop

el cielorraso

pivnica

el sótano

sauna

el sauna

balkón

el balcón

terasa

la terraza

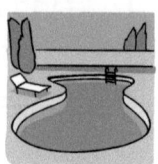

bazén

la pileta

kosačka

la cortadora de pasto

obliečka

la sábana

posteľná prikrývka

el acolchado

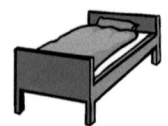

posteľ

la cama

metla

la escoba

vedro

el balde

vypínač

el interruptor

obývačka
el living

tapeta
el empapelado
obraz
la imagen
lampa
la lámpara
regál
el estante
skriňa
el armario
televízor
la televisión
kozub
la chimenea
kvet
la flor
vankúš
el almohadón
pohovka
el sofa
váza
el florero
diaľkové ovládanie
el control remoto

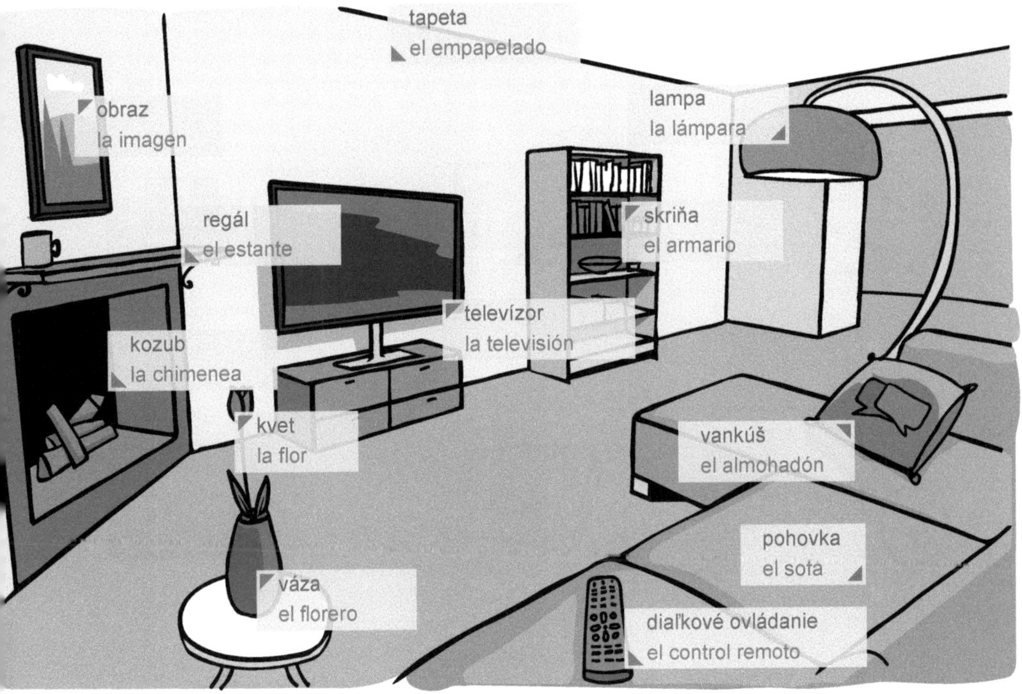

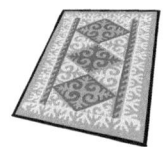

koberec

la alfombra

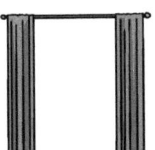

záclona

la cortina

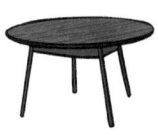

stôl

la mesa

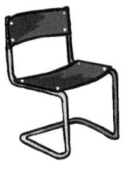

stolička

la silla

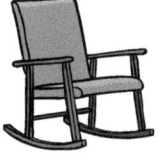

hojdacie kreslo

la mecedora

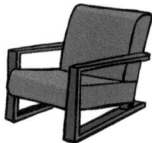

kreslo

el sillón

kniha

el libro

prikrývka

la frazada

dekorácia

la decoración

drevo na kúrenie

la leña

film

la película

hi-fi veža

el equipo de música

kľúč

la llave

noviny

el diario

maľba

la pintura

plagát

el póster

rádio

la radio

zápisník

el cuaderno

vysávač

la aspiradora

kaktus

el cactus

sviečka

la vela

kuchyňa
la cocina

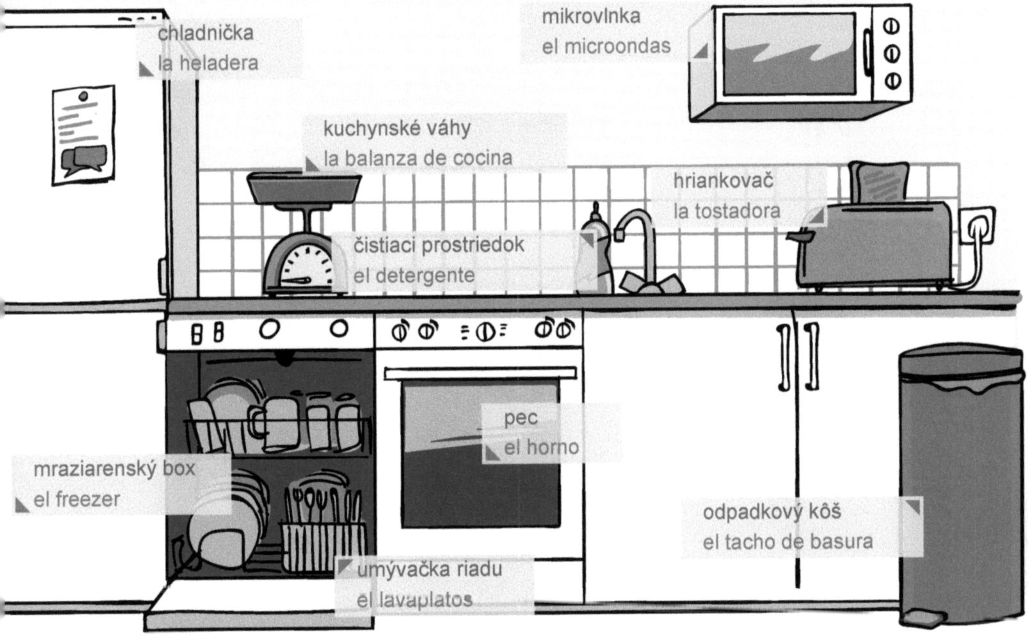

chladnička
la heladera
mikrovlnka
el microondas
kuchynské váhy
la balanza de cocina
hriankovač
la tostadora
čistiaci prostriedok
el detergente
pec
el horno
mraziarenský box
el freezer
odpadkový kôš
el tacho de basura
umývačka riadu
el lavaplatos

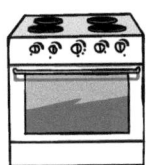

sporák

la cocina

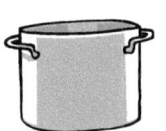

hrniec

la olla

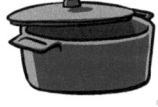

železný hrniec

la olla de hierro fundido

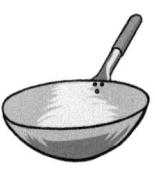

wok / kadai

el wok

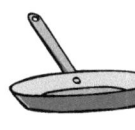

panvica

la sartén

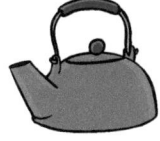

rýchlovarná kanvica

la pava

parný hrniec

la vaporera

plech na pečenie

la bandeja de horno

riad

la vajilla

pohár

la taza

misa

el bol

paličky

los palitos

naberačka na polievku

el cucharón

stierka

la espátula

metlička

la batidora

cedidlo

el colador

sitko

el colador

strúhadlo

el rallador

mažiar

el mortero

gril

la parrilla

ohnisko

la fogata

doska na krájanie

la tabla de picar

valček na cesto

el palo de amasar

vývrtka

el sacacorchos

konzerva

la lata

otvárač na konzervy

el abrelatas

chňapka

la manopla

výlevka

la pileta

kefa

el cepillo

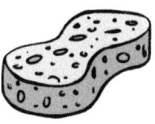

hubka

la esponja

mixér

la batidora

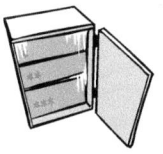

mraznička

el congelador

kojenecká fľaša

la mamadera

vodovodný kohútik

la canilla

kúpeľňa

el baño

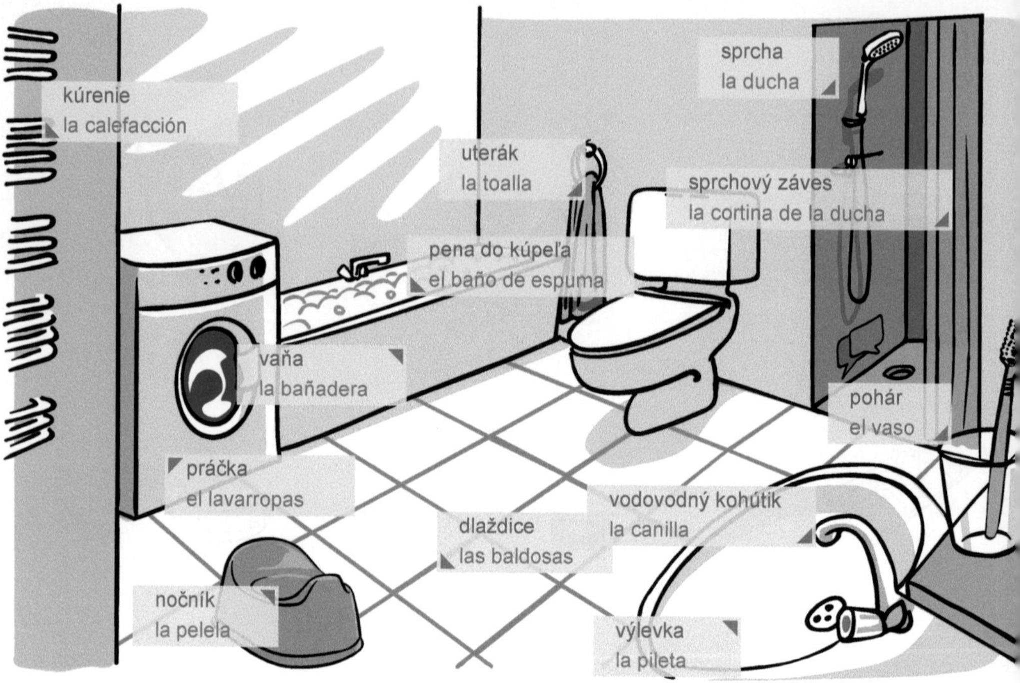

kúrenie
la calefacción
sprcha
la ducha
uterák
la toalla
sprchový záves
la cortina de la ducha
pena do kúpeľa
el baño de espuma
vaňa
la bañadera
pohár
el vaso
práčka
el lavarropas
vodovodný kohútik
la canilla
dlaždice
las baldosas
nočník
la pelela
výlevka
la pileta

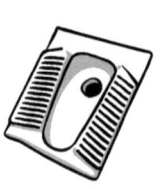

záchod

el inodoro

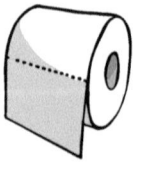

suchý záchod

la letrina

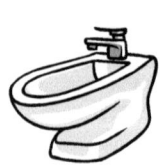

bidet

el bidé

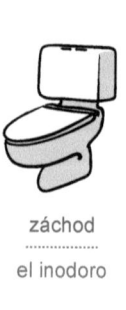

pisoár

el mingitorio

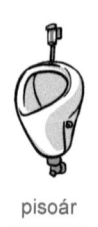

toaletný papier

el papel higiénico

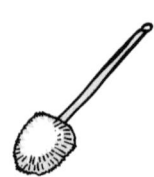

záchodová kefa

el cepillo para el inodoro

zubná kefka

el cepillo de dientes

zubná pasta

el dentífrico

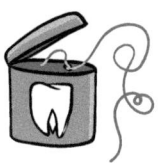

dentálna niť

el hilo dental

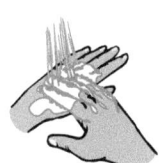

umývať

lavar

ručná sprcha

la ducha de mano

sprcha pre intímnu hygienu

la ducha higiénica

umývadlo

la palangana

kefa na chrbát

el cepillo para la espalda

mydlo

el jabón

sprchový gél

el gel de ducha

šampón

el shampoo

frotírová rukavica

la toallita

odtok

el desagüe

krém

la crema

dezodorant

el desodorante

zrkadlo

el espejo

kozmetické zrkadlo

el espejito

žiletka

la maquinita de afeitar

pena na holenie

la espuma de afeitar

voda po holení

el aftershave

hrebeň

el peine

kefa

el cepillo

sušič vlasov

el secador de pelo

sprej na vlasy

el spray

make-up

el maquillaje

rúž

el lápiz de labios

lak na nechty

el esmalte para uñas

vata

el algodón

nožnice na nechty

la tijera para uñas

parfum

el perfume

kozmetická taška

el portacosméticos

stolček

la banqueta

váha

la balanza

kúpací plášť

la bata

gumové rukavice

los guantes de goma

tampón

el tampón

menštruačná vložka

la toallita femenina

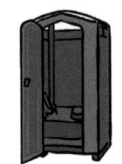

chemické WC

el baño químico

detská izba

el cuarto de los chicos

budík
el despertador
plyšová hračka
el peluche
hračkárske auto
el coche de juguete
hrkálka
el sonajero
domček pre bábiky
la casa de muñecas
dar
el regalo

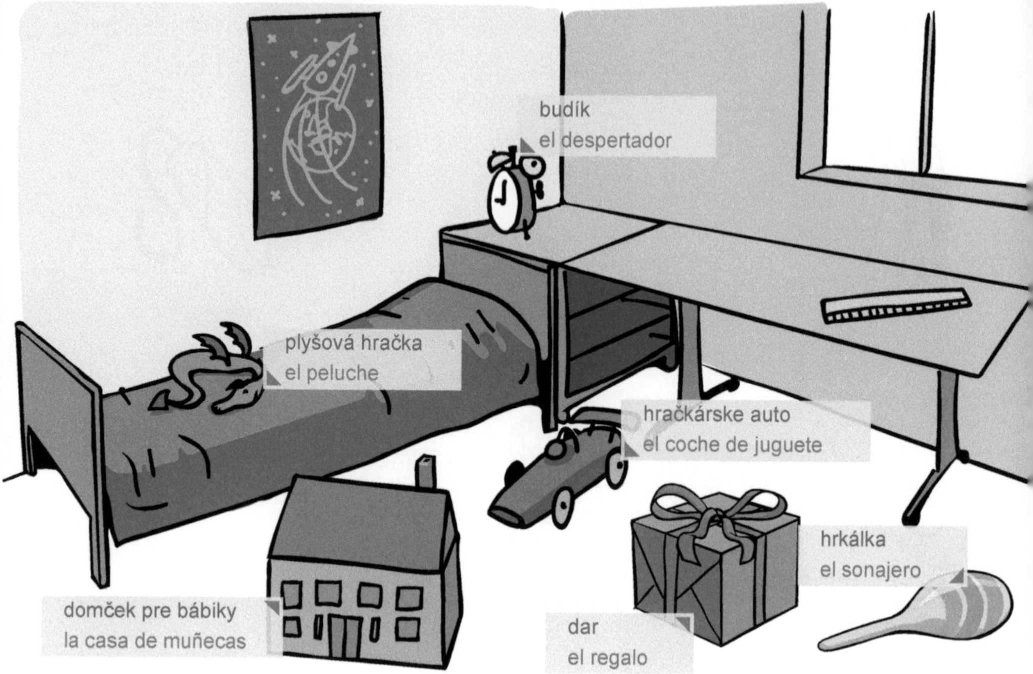

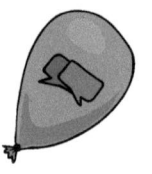

balón

el globo

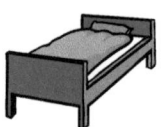

posteľ

la cama

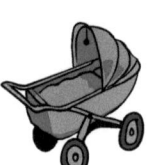

detský kočík

el cochecito

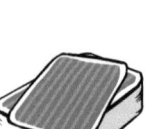

karty

las cartas

puzzle

el rompecabezas

SUPER
MEGA

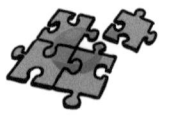

komix

la historieta

skladačka lego

las piezas de lego

stavebnica

los ladrillos de juguete

akčná postavička

la figura de acción

dupačky

el enterito (de bebé)

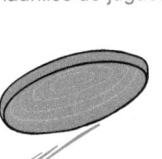

lietajúci tanier

el frisbee

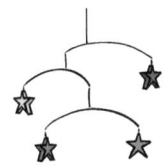

závesné hračky

el móvil para bebés

stolová hra

el juego de mesa

kocka

los dados

modelový vláčik

el tren eléctrico

cumlík

el chupete

párty

la fiesta

obrázková kniha

el libro de cuentos ilustrado

lopta

la pelota

bábika

la muñeca

hrať sa

jugar

pieskovisko

el arenero

hojdačka

la hamaca

hračky

los juguetes

hracia konzola

la consola de videojuegos

trojkolka

el triciclo

medvedík

el osito de peluche

šatník

el armario

šatstvo

la ropa

ponožky

las medias

pančuchy

las medias panty

pančuchové nohavičky

las calzas

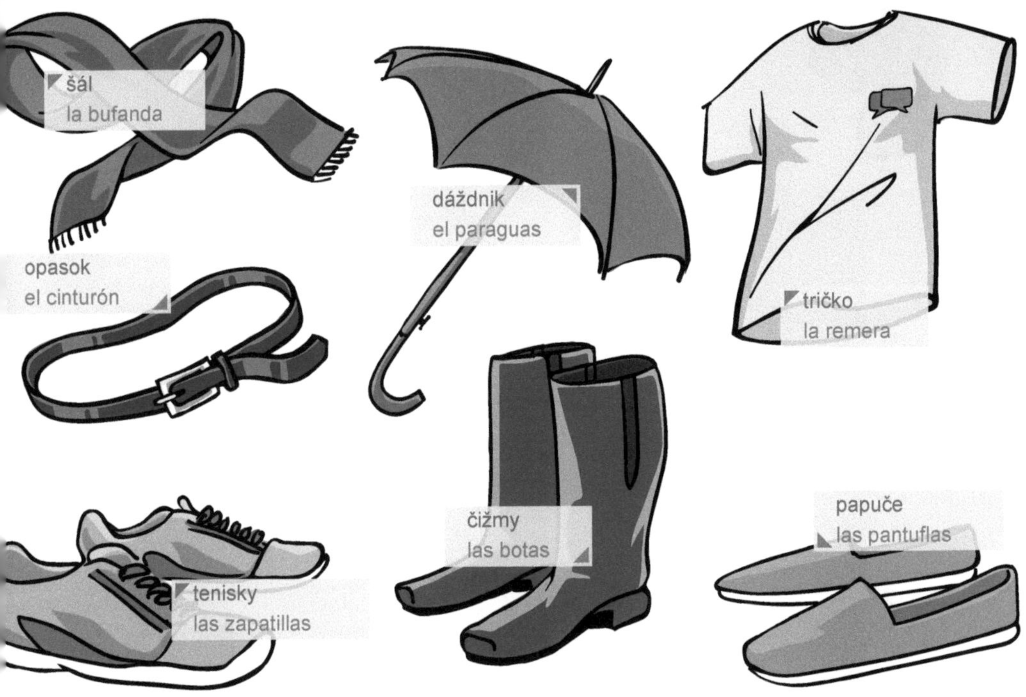

šál
la bufanda

dáždnik
el paraguas

tričko
la remera

opasok
el cinturón

čižmy
las botas

papuče
las pantuflas

tenisky
las zapatillas

sandále
las sandalias

topánky
los zapatos

gumáky
las botas de goma

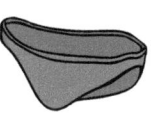

spodky
la ropa interior

podprsenka
el corpiño

tielko
el chaleco

body

el body

nohavice

los pantalones

džínsy

los jeans

sukňa

la pollera

blúzka

la blusa

košeľa

la camisa

pulóver

el pulóver

sveter

el buzo

blejzer

el blazer

bunda

la campera

kabát

el tapado

pršiplášť

el piloto

kostým

el traje

šaty

el vestido

svadobné šaty

el vestido de novia

oblek
el traje

nočná košeľa
el camisón

pyžamo
el pijama

sari
el sari

šatka na hlavu
el pañuelo para la cabeza

turban
el turbante

burka
la burka

kaftan
el caftán

abaja
la abaya

dvojdielne plavky
el traje de baño

plavky
el short de baño

šortky
los shorts

teplákova súprava
el jogging

zástera
el delantal

rukavice
los guantes

gombík

el botón

okuliare

los anteojos

náramok

la pulsera

retiazka

el collar

prsteň

el anillo

náušnica

el aro

čiapka

la gorra

vešiak

la percha

klobúk

el sombrero

kravata

la corbata

zips

el cierre

prilba

el casco

traky

los tiradores

školská uniforma

el uniforme escolar

uniforma

el uniforme

podbradník

el babero

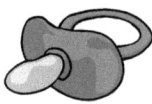

cumlík

el chupete

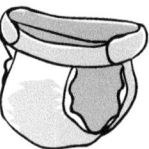

plienka

el pañal

kancelária
la oficina

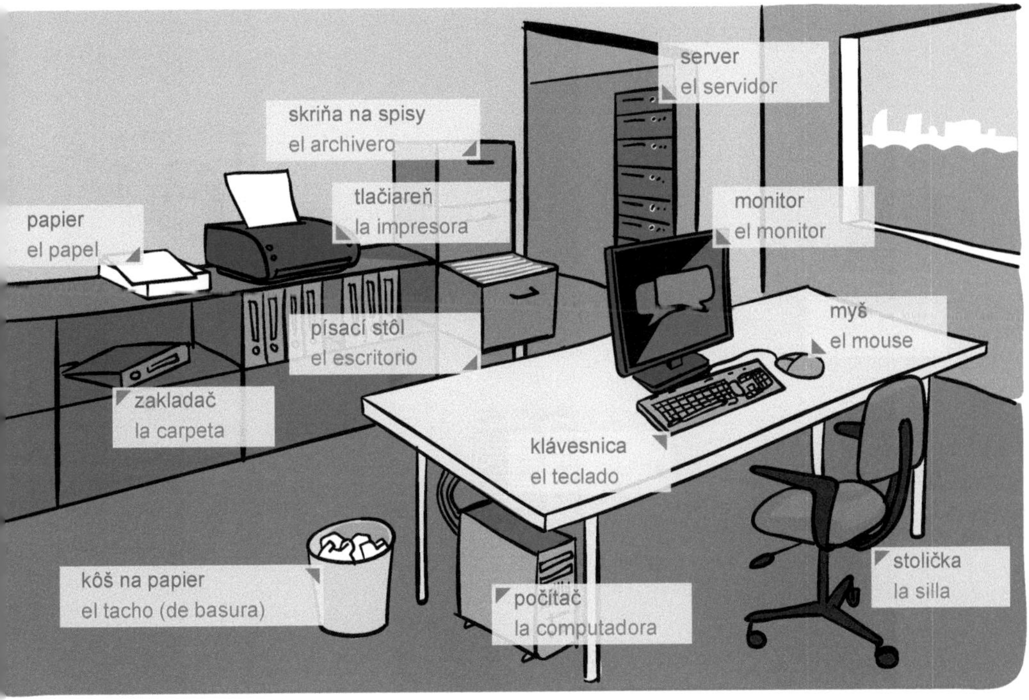

server
el servidor

skriňa na spisy
el archivero

tlačiareň
la impresora

papier
el papel

monitor
el monitor

písací stôl
el escritorio

myš
el mouse

zakladač
la carpeta

klávesnica
el teclado

kôš na papier
el tacho (de basura)

stolička
la silla

počítač
la computadora

hrnček na kávu

la taza de café

kalkulačka

la calculadora

internet

el internet

laptop

la laptop

list

la carta

správa

el mensaje

mobil

el celular

sieť

la red

kopírka

la fotocopiadora

softvér

el software

telefón

el teléfono

elektrická zásuvka

el tomacorriente

fax

el fax

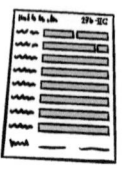

formulár

el formulario

doklad

el documento

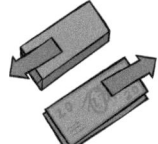

kúpiť
comprar

platiť
pagar

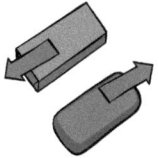

obchodovať
hacer negocios

peniaze
el dinero

 **USD**

dolár
el dólar

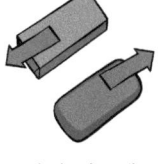 **EUR**

euro
el euro

 **JPY**

jen
el yen

 **RUB**

rubeľ
el rublo

 **CHF**

švajčiarsky frank
el franco suizo

 **CNY**

čínsky jüan
el yuan

 **INR**

rupia
la rupia

bankomat
el cajero automático

zmenáreň

la casa de cambio

zlato

el oro

striebro

la plata

ropa

el petróleo

energia

la energía

cena

el precio

zmluva

el contrato

daň

el impuesto

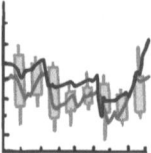

akcia

la acción

pracovať

trabajar

zamestnanec

el empleado

zamestnávateľ

el empleador

továreň

la fábrica

obchod

el negocio

policajt
el policía

hasič
el bombero

pilót
el piloto

kuchár
el cocinero

lekár
el médico

záhradník

el jardinero

stolár

el carpintero

krajčírka

la modista

sudca

el juez

chemik

el farmacéutico

herec

el actor

vodič autobusu

el colectivero

taxikár

el taxista

rybár

el pescador

upratovačka

la mucama

pokrývač

el techista

čašník

el mozo

poľovník

el cazador

maliar

el pintor

pekár

el panadero

elektrikár

el electricista

stavebný robotník

el albañil

inžinier

el ingeniero

mäsiar

el carnicero

klampiar

el plomero

poštár

el cartero

vojak

el soldado

architekt

el arquitecto

pokladník

el cajero

kvetinár

el florista

kaderník

el peluquero

sprievodca

el cobrador

mechanik

el mecánico

kapitán

el capitán

zubár

el dentista

vedec

el científico

rabín

el rabino

imám

el imán

mních

el monje

farár

el sacerdote

náradie
las herramientas

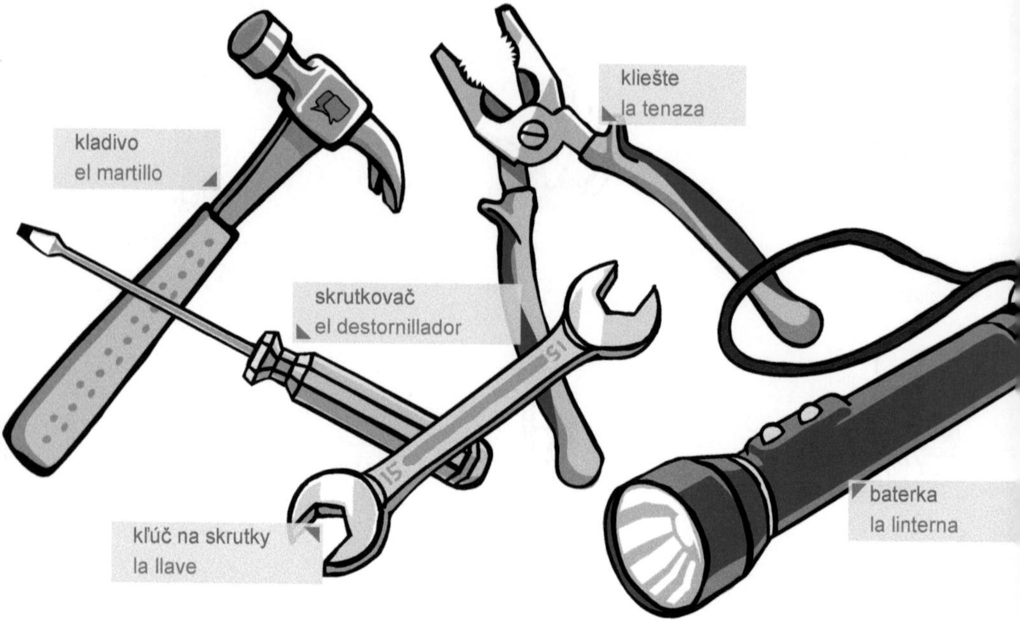
kladivo
el martillo
kliešte
la tenaza
skrutkovač
el destornillador
kľúč na skrutky
la llave
baterka
la linterna

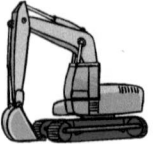

bager
la excavadora

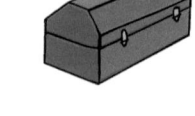

súprava náradia
la caja de herramientas

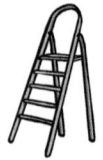

rebrík
la escalera portátil

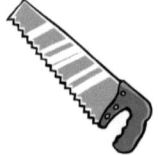

pílka
la sierra

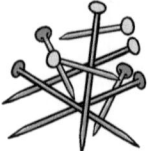

klince
los clavos

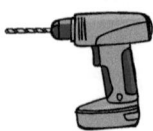

vrták
el taladro

opravíť
arreglar

lopata
la pala de jardín

Do čerta!
¡Qué bronca!

lopatka na smeti
la pala de plástico

nádoba s farbou
el tacho de pintura

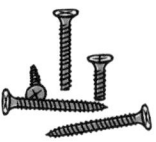

skrutky
los tornillos

hudobné nástroje
los instrumentos musicales

reproduktor
el parlante

bicie
la batería

gitara
la guitarra

kontrabas
el contrabajo

trúbka
la trompeta

klavír

el piano

husle

el violín

basa

el bajo

tympany

los timbales

bubon

el tambor

klávesnica

el teclado

saxofón

el saxofón

flauta

la flauta

mikrofón

el micrófono

ZOO

el zoológico

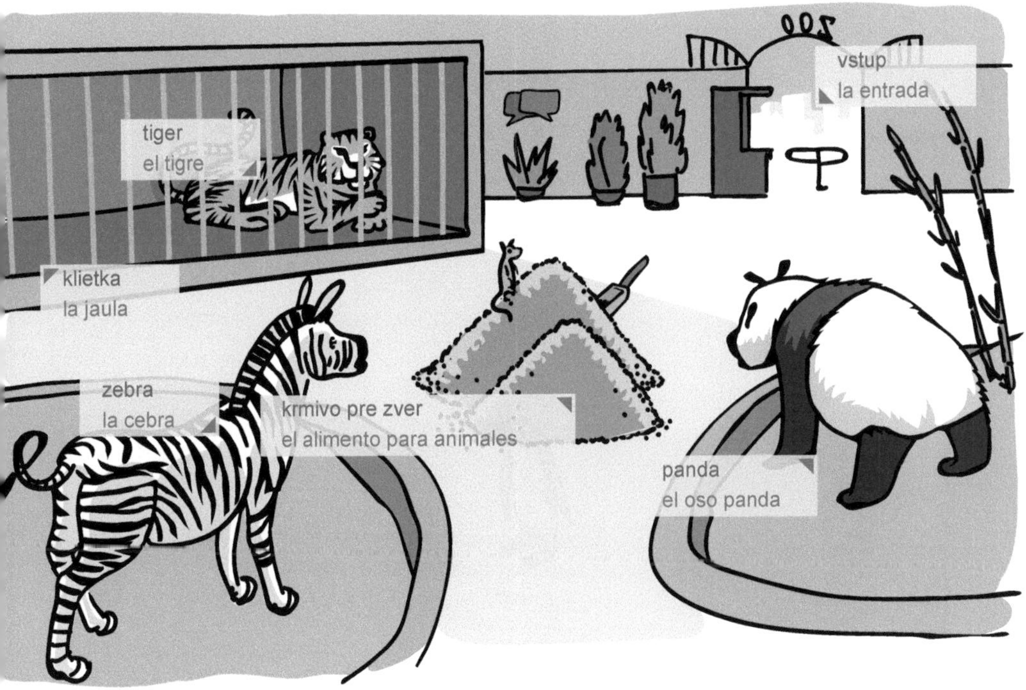
zoo
vstup
la entrada
tiger
el tigre
klietka
la jaula
zebra
la cebra
krmivo pre zver
el alimento para animales
panda
el oso panda

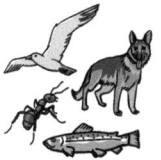

zvieratá

los animales

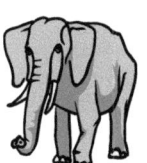

slon

el elefante

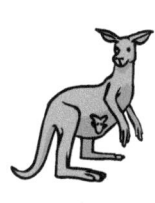

klokan

el canguro

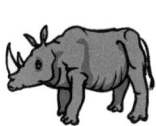

nosorožec

el rinoceronte

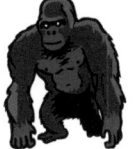

gorila

el gorila

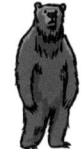

medveď

el oso

ťava

el camello

pštros

el avestruz

lev

el león

opica

el mono

plameniak

el flamenco

papagáj

el loro

ľadový medveď

el oso polar

tučniak

el pingüino

žralok

el tiburón

páv

el pavo real

had

la serpiente

krokodíl

el cocodrilo

ošetrovateľ v ZOO

el cuidador del zoológico

tuleň

la foca

jaguár

el jaguar

poník

el poni

leopard

el leopardo

hroch

el hipopótamo

žirafa

la jirafa

orol

el águila

diviak

el jabalí

ryba

el pescado

korytnačka

la tortuga

mrož

la morsa

líška

el zorro

gazela

la gacela

americký futbal
el fútbol americano

cyklistika
el ciclismo

tenis
el tenis

basketbal
el básquet

plávanie
la natación

box
el boxeo

hokej
el hockey sobre hielo

futbal
el fútbol

bedminton
el bádminton

ľahká atletika
el atletismo

hádzaná
el handball

lyžovanie
el esquí

pólo
el polo

smiať sa
reír

skočiť
saltar

objať
abrazar

chodiť
caminar

spievať
cantar

snívať
soñar

modliť sa
rezar

pobozkať
besar

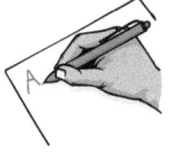

písať
escribir

kresliť
dibujar

ukázať
mostrar

tlačiť
presionar

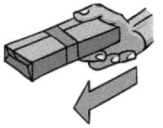

dať
dar

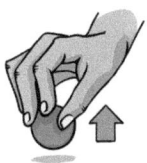

brať
tomar

mať

tener

robiť

hacer

byť

ser

stáť

estar parado

bežať

correr

ťahať

tirar

hádzať

tirar

padnúť

caer

ležať

estar acostado

čakať

esperar

nosiť

llevar

sedieť

estar sentado

obliecť sa

vestirse

spať

dormir

zobudiť sa

despertar

pozerať

mirar

plakať

llorar

hladkať

acariciar

česať

peinar

hovoriť

hablar

rozumieť

entender

pýtať sa

preguntar

počuť

escuchar

piť

beber

jesť

comer

upratať

ordenar

milovať

amar

variť

cocinar

jazdiť

manejar

letieť

volar

plachtiť

navegar

počítať

calcular

čítať

leer

učiť sa

aprender

pracovať

trabajar

oženiť

casarse

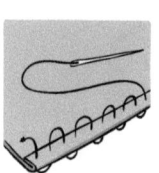

šiť

coser

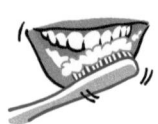

čistiť zuby

cepillarse los dientes

zabiť

matar

fajčiť

fumar

poslať

enviar

rodina
la familia

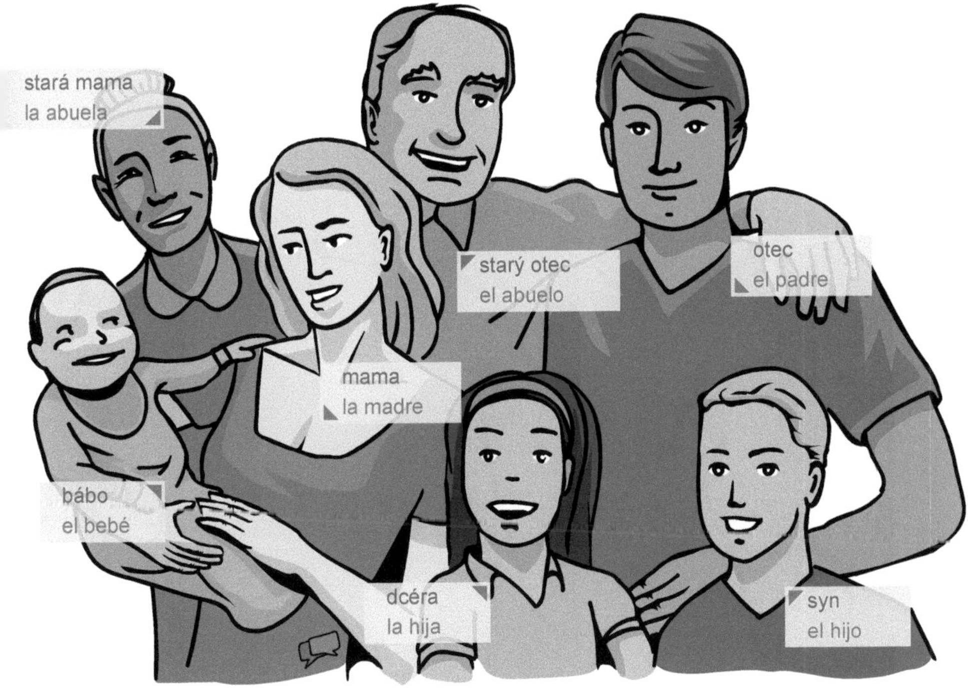

stará mama
la abuela
starý otec
el abuelo
otec
el padre
mama
la madre
bábo
el bebé
dcéra
la hija
syn
el hijo

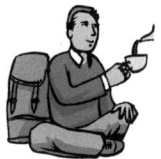

hosť

el invitado

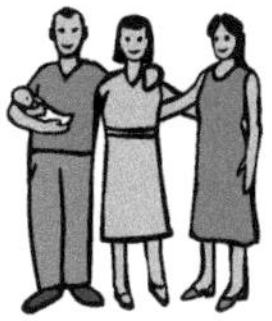

teta

la tía

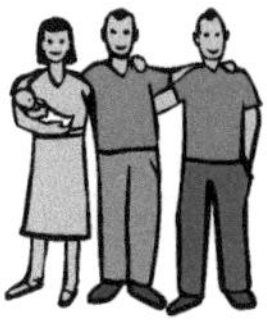

strýko

el tío

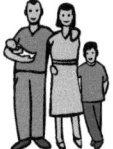

brat

el hermano

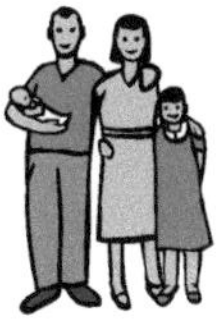

sestra

la hermana

telo

el cuerpo

čelo
la frente
oko
el ojo
plece
el hombro
prst
el dedo
tvár
la cara
brada
la pera
ruka
la mano
hruď
el pecho
noha
la pierna
rameno
el brazo

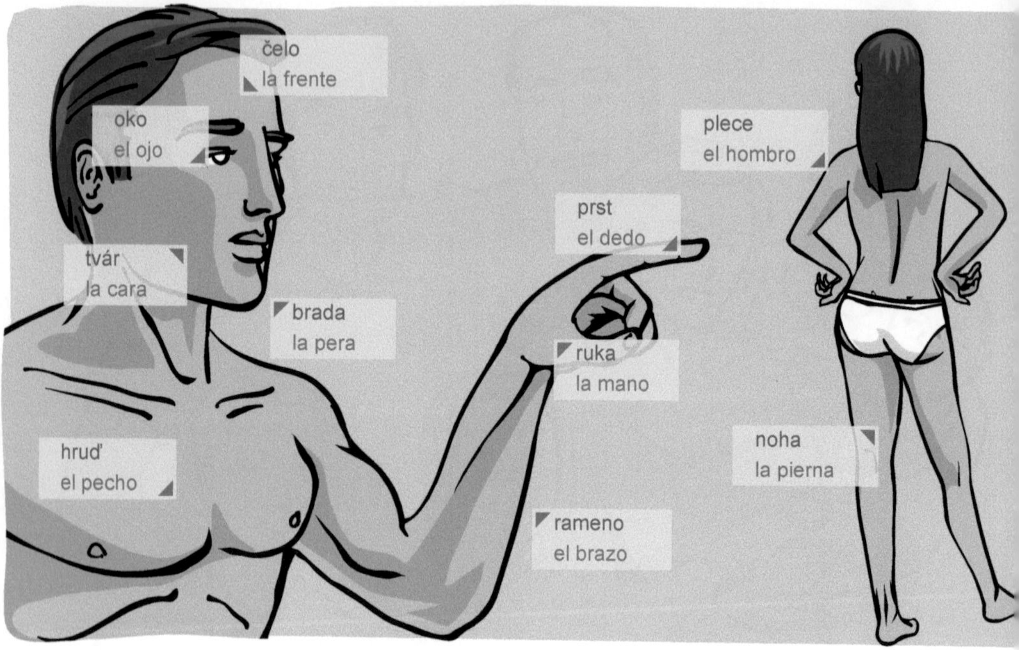

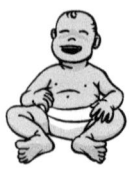

bábo

el bebé

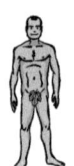

muž

el hombre

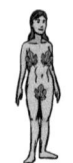

žena

la mujer

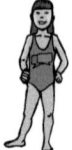

dievča

la nena

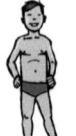

chlapec

el nene

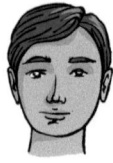

hlava

la cabeza

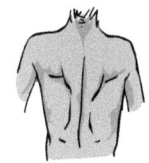

chrbát
la espalda

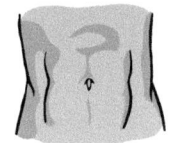

brucho
la panza

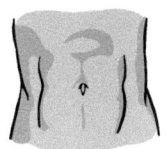

pupok
el ombligo

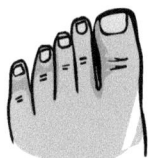

prst na nohe
el dedo del pie

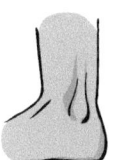

päta
el talón

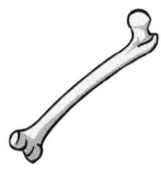

kosť
el hueso

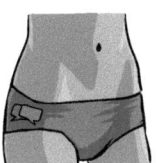

bok
la cadera

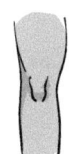

koleno
la rodilla

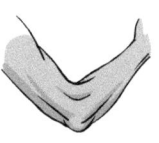

lakeť
el codo

nos
la nariz

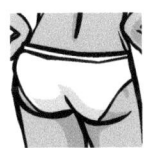

zadok
la cola

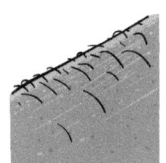

koža
la piel

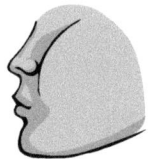

líce
el cachete

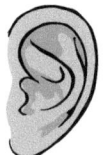

ucho
la oreja

pery
el labio

ústa

la boca

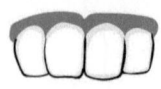

zub

el diente

jazyk

la lengua

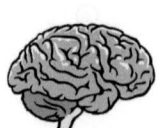

mozog

el cerebro

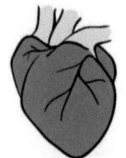

srdce

el corazón

svaly

el músculo

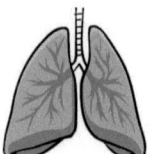

pľúca

el pulmón

pečeň

el hígado

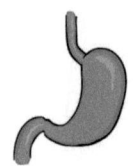

žalúdok

el estómago

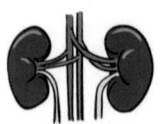

obličky

los riñones

pohlavný styk

el sexo

kondóm

el preservativo

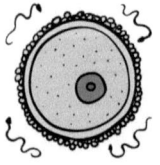

vaječná bunka

el óvulo

semeno

el semen

tehotenstvo

el embarazo

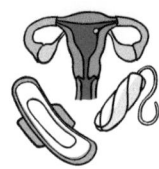

menštruácia

la menstruación

vagína

la vagina

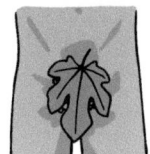

penis

el pene

obočie

la ceja

vlasy

el pelo

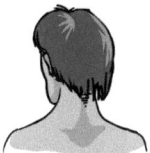

krk

el cuello

nemocnica
el hospital

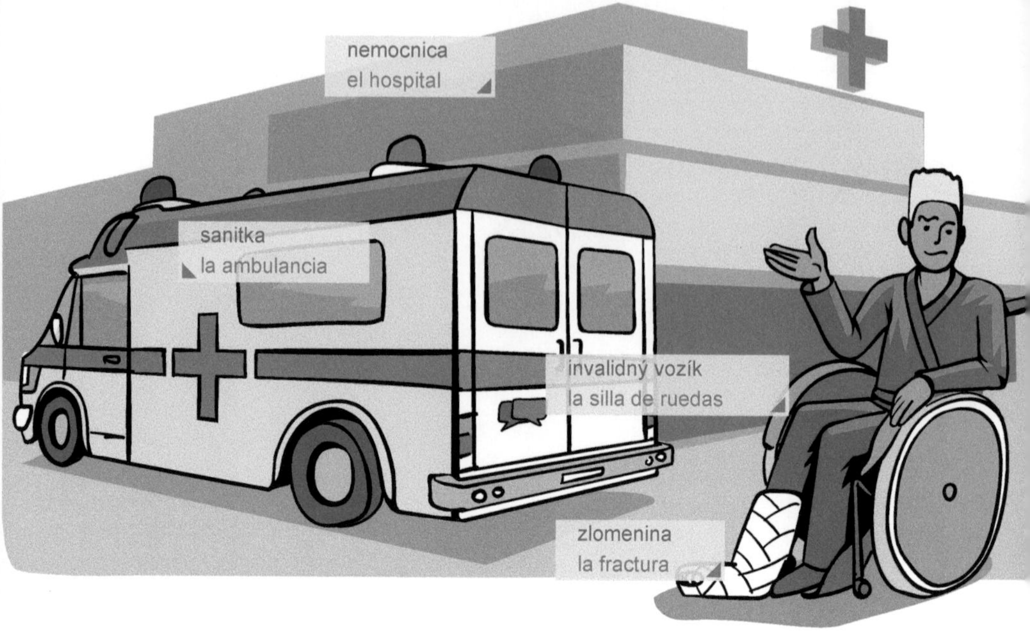

nemocnica
el hospital
sanitka
la ambulancia
invalidný vozík
la silla de ruedas
zlomenina
la fractura

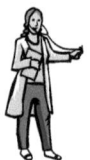

lekár

el médico

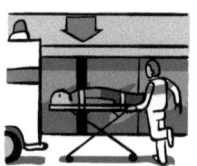

urgentný príjem

la sala de guardia

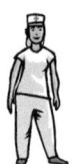

sestrička

la enfermera

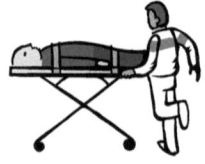

urgentný prípad

la emergencia

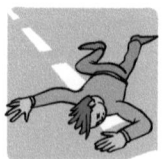

v bezvedomí

inconsciente

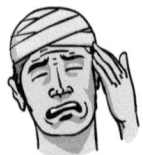

bolesť

el dolor

zranenie

la lesión

krvácanie

la hemorragia

srdcový infarkt

el infarto

mozgová porážka

el ACV

alergia

la alergia

kašeľ

la tos

teplota

la fiebre

chrípka

la gripe

hnačka

la diarrea

bolesť hlavy

el dolor de cabeza

rakovina

el cáncer

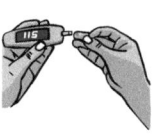

cukrovka

la diabetes

chirurg

el cirujano

skalpel

el bisturí

operácia

la operación

CT
la TC

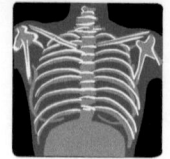

RTG
los rayos x

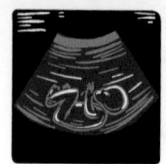

ultrazvuk
la ecografía

maska
el barbijo

choroba
la enfermedad

čakáreň
la sala de espera

barla
la muleta

náplasť
la curita

obväz
la venda

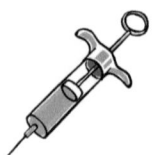

injekcia
la inyección

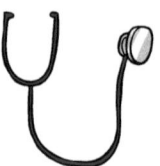

fonendoskop
el estetoscopio

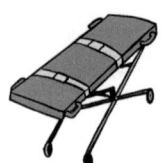

nosidlá
la camilla

teplomer
el termómetro

pôrod
el nacimiento

nadváha
el sobrepeso

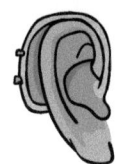

audiofón

el audífono

dezinfekčný prostriedok

el desinfectante

infekcia

la infección

vírus

el virus

HIV / AIDS

el VIH / SIDA

medicína

el remedio

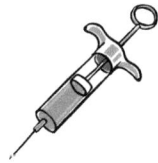

očkovanie

la vacunación

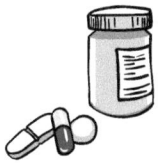

tabletky

los comprimidos

antikoncepčná pilulka

la pastilla anticonceptiva

tiesňové volanie

la llamada de emergencia

tlakomer

el tensiómetro

chorý / zdravý

enfermo / sano

Pomoc!
¡Ayuda!

alarm
la alarma

prepad
la agresión

útok
el ataque

nebezpečenstvo
el peligro

núdzový východ
la salida de emergencia

Horí!
¡Fuego!

hasičský prístroj
el matafuego

nehoda
el accidente

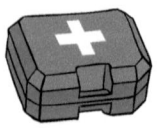

kufrík prvej pomoci
el botiquín de primeros
auxilios

SOS
el SOS

política
la policía

Európa

Europa

Severná Amerika

América del Norte

Južná Amerika

América del Sur

Afrika

África

Ázia

Asia

Austrália

Australia

Atlantický oceán

el Atlántico

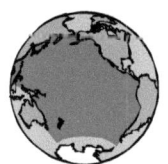

Tichý oceán

el Pacífico

Indický oceán

el Océano Índico

Južný oceán

el Océano Antártico

Severný ľadový oceán

el Océano Ártico

Severný pól

el polo norte

Južný pól

el polo sur

Antarktída

la Antártida

Zem

la Tierra

krajina

la tierra

more

el mar

ostrov

la isla

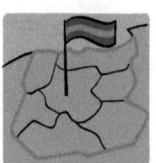

národ

la nación

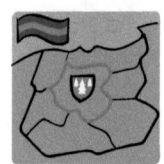

štát

el estado

ciferník

la esfera

hodinová ručička

la manecilla de las horas

minútová ručička

el minutero

sekundová ručička

el segundero

Koľko je hodín?

¿Qué hora es?

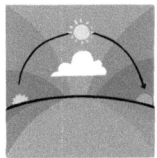

deň

el día

čas

la hora

teraz

ahora

digitálne hodiny

el reloj digital

minúta

el minuto

hodina

la hora

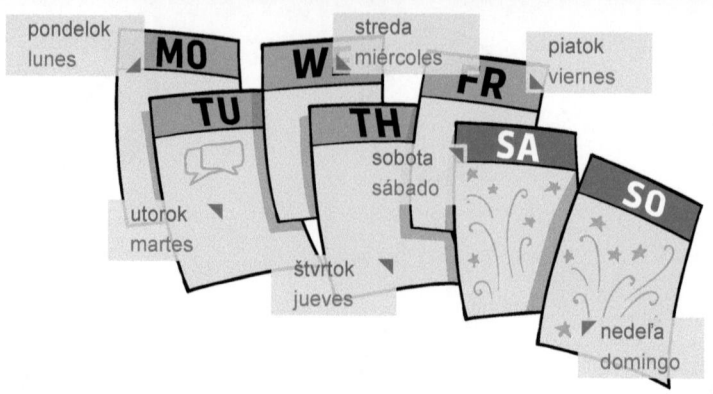

pondelok
lunes

streda
miércoles

piatok
viernes

utorok
martes

sobota
sábado

štvrtok
jueves

nedeľa
domingo

včera
ayer

dnes
hoy

zajtra
mañana

ráno
la mañana

poludnie
el mediodía

večer
la tarde

pracovné dni
los días hábiles

víkend
el fin de semana

dážď
la lluvia

dúha
el arco iris

sneh
la nieve

vietor
el viento

jar
la primavera

jeseň
el otoño

leto
el verano

zima
el invierno

4.APRIL	11°	☀
5.APRIL	4°	☁
6.APRIL	13°	☁
7.APRIL	8°	☀
8.APRIL	10°	☀

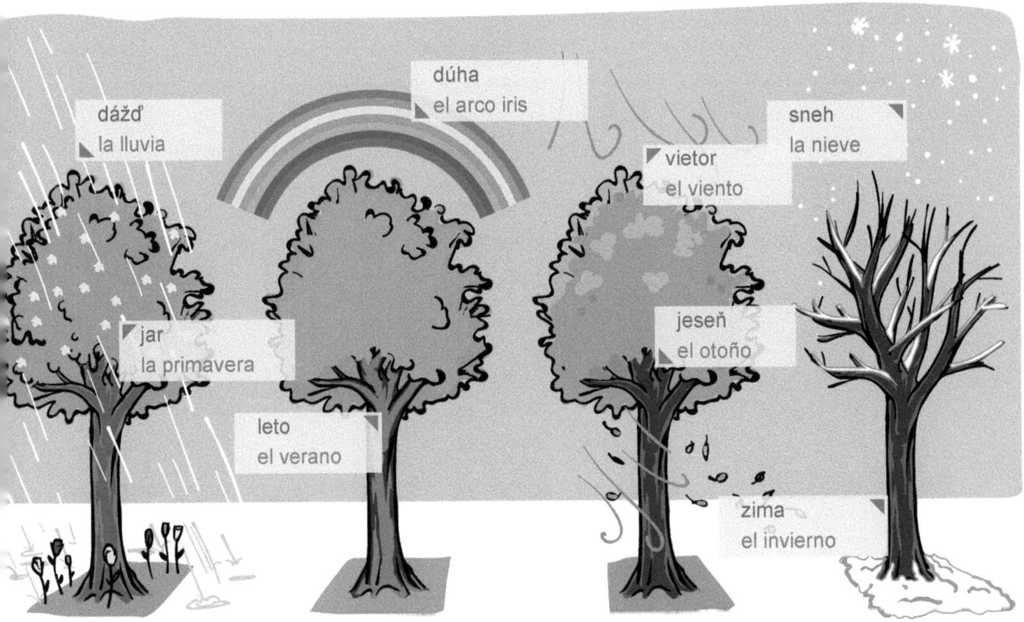

predpoveď počasia

el pronóstico meteorológico

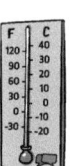

teplomer

el termómetro

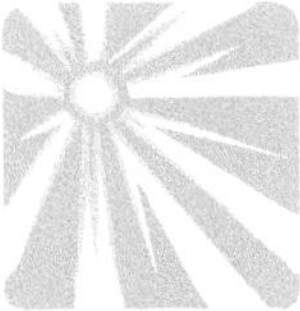

slnečný svit

la luz del sol

oblak

la nube

hmla

la niebla

vlhkosť vzduchu

la humedad

blesk

el rayo

hrom

el trueno

búrka

la tormenta

krúpy

el granizo

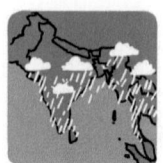

monzún

el monzón

záplava

la inundación

ľad

el hielo

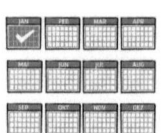

január

enero

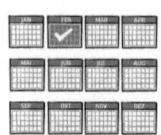

február

febrero

marec

marzo

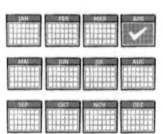

apríl

abril

máj

mayo

jún

junio

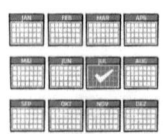

júl

julio

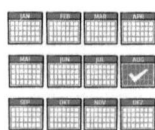

august

agosto

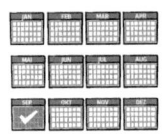

september

septiembre

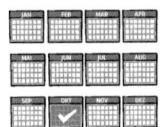

október

octubre

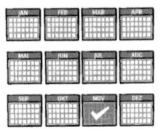

november

noviembre

december

diciembre

tvary

las formas

kruh

el círculo

štvorec

el cuadrado

obdĺžnik

el rectángulo

trojuholník

el triángulo

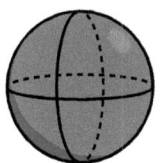

guľa

la esfera

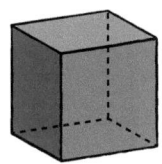

kocka

el cubo

biela
....
blanco

žltá
....
amarillo

oranžová
....
naranja

ružová
....
rosa

červená
....
rojo

fialová
....
violeta

modrá
....
azul

zelená
....
verde

hnedá
....
marrón

šedá
....
gris

čierna
....
negro

veľa / málo

mucho / poco

zúrivý / pokojný

enojado / tranquilo

pekný / škaredý

lindo / feo

začiatok / koniec

el principio / el fin

veľký / malý

grande / chico

svetlý / tmavý

claro / oscuro

brat / sestra

el hermano / la hermana

čistý / špinavý

limpio / sucio

úplný / neúplný

completo / incompleto

deň / noc

el día / la noche

mŕtvy / živý

muerto / vivo

široký / úzky

ancho / angosto

chutný / nechutný

comestible / no comestible

zlostný / láskavý

malo / amable

vzrušený / unudený

entusiasmado / aburrido

tlstý / chudý

gordo / flaco

prvý / posledný

primero / último

priateľ / nepriateľ

el amigo / el enemigo

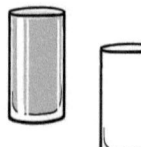

plný / prázdny

lleno / vacío

tvrdý / mäkký

duro / blando

ťažký / ľahký

pesado / liviano

hlad / smäd

el hambre / la sed

chorý / zdravý

enfermo / sano

nelegálny / legálny

ilegal / legal

inteligentný / hlúpy

inteligente / estúpido

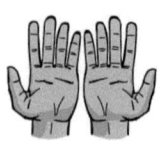

vľavo / vpravo

izquierda / derecha

blízko / ďaleko

cerca / lejos

nový / použitý

nuevo / usado

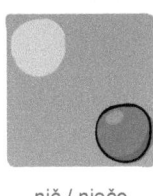

nič / niečo

nada / algo

starý / mladý

viejo / joven

zapnuté / vypnuté

encendido / apagado

otvorené / zatvorené

abierto / cerrado

tichý / hlasný

silencioso / ruidoso

bohatý / chudobný

rico / pobre

správne / nesprávne

correcto / incorrecto

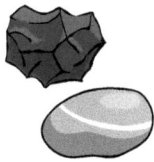

drsný / hladký

áspero / suave

smutný / šťastný

triste / contento

krátky / dlhý

corto / largo

pomaly / rýchlo

lento / rápido

mokrý / suchý

mojado / seco

teplý / studený

caliente / frío

vojna / mier

guerra / paz

0

nula

cero

1

jeden

uno

2

dva

dos

3

tri

tres

4

štyri

cuatro

5

päť

cinco

6

šesť

seis

7

sedem

siete

8

osem

ocho

9

deväť

nueve

10

desať

diez

11

jedenásť

once

12
dvanásť

doce

13
trinásť

trece

14
štrnásť

catorce

15
pätnásť

quince

16
šestnásť

dieciséis

17
sedemnásť

diecisiete

18
osemnásť

dieciocho

19
devätnásť

diecinueve

20
dvadsať

veinte

100
sto

cien

1.000
tisíc

mil

1.000.000
milión

el millón

angličtina

el inglés

americká angličtina

el inglés americano

mandarínska čínština

el chino mandarín

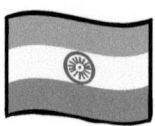

hindčina

el hindi

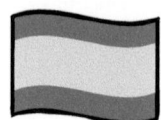

španielčina

el español

francúzština

el francés

arabčina

el árabe

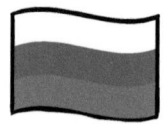

ruština

el ruso

portugalčina

el portugués

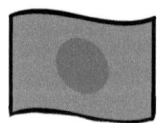

bengálčina

el bengalí

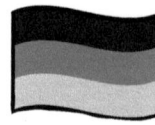

nemčina

el alemán

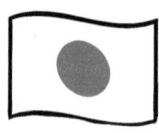

japončina

el japonés

ja

yo

ty

vos

on/ona/ono

él / ella

my

nosotros

vy

ustedes

oni

ellos

kto?

¿quién?

čo?

¿qué?

ako?

¿cómo?

kde?

¿dónde?

kedy?

¿cuándo?

meno

el nombre

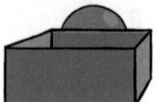

za

detrás

v

en

pred

adelante de

nad

por encima de

na

sobre

pod

debajo de

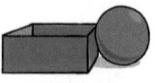

vedľa

al lado de

medzi

entre

miesto

el lugar